BEI GRIN MACHT SICH IHR WISSEN BEZAHLT

AF168103

- Wir veröffentlichen Ihre Hausarbeit,
  Bachelor- und Masterarbeit

- Ihr eigenes eBook und Buch -
  weltweit in allen wichtigen Shops

- Verdienen Sie an jedem Verkauf

Jetzt bei www.GRIN.com hochladen
und kostenlos publizieren

Wie verändert sich das Bild der Wissenschaftsinformatik? Aktuelle Ansätze und Entwicklung

Bibliografische Information der Deutschen Nationalbibliothek:

Die Deutsche Nationalbibliothek verzeichnet diese Publikation in der Deutschen Nationalbibliografie; detaillierte bibliografische Daten sind im Internet über http://dnb.d-nb.de abrufbar.

ISBN: 9783346695154
Dieses Buch ist auch als E-Book erhältlich.

© GRIN Publishing GmbH
Nymphenburger Straße 86
80636 München

Druck und Bindung: Books on Demand GmbH, Norderstedt Germany
Gedruckt auf säurefreiem Papier aus verantwortungsvollen Quellen

Das vorliegende Werk wurde sorgfältig erarbeitet. Dennoch übernehmen Autoren und Verlag für die Richtigkeit von Angaben, Hinweisen, Links und Ratschlägen sowie eventuelle Druckfehler keine Haftung.

Das Buch bei GRIN: https://www.grin.com/document/1255863

Hausarbeit

Thema

Informations- und Kommunikations Systeme im Unternehmen

Wie verändert sich das Bild der Wirtschaftsinformatik?

abgegeben am 05.04.2021

Grundlagen der Wirtschaftsinformatik

Studiengang: B.Sc. Wirtschaftsinformatik

Inhaltsverzeichnis

Abbildungsverzeichnis

Abkürzungsverzeichnis

Bzw. .... beziehungsweise

IuK. .... Informations- und Kommunikation

IoT................................... Internet of Things

z.B.................................. zum Beispiel

Einleitung

Liest man in der Zeitung über den Stand der Digitalisierung in Deutschland, so trifft man häufig auf Aussagen wie „Deutsche Wirtschaft verpasst die Digitalisierung" und ähnliches. So vergeben Geschäftsführer von Unternehmen die Noten befriedigend bis Ausreichend für die Digitalisierung in Deutschland. Dies ist auch in Einklang mit den Ergebnissen des Digital Economy and Society Index der EU-Kommission, welcher Deutschland in Sachen Digitalisierung nur im Mittelfeld im Vergleich mit anderen EU-Ländern sieht.[1]

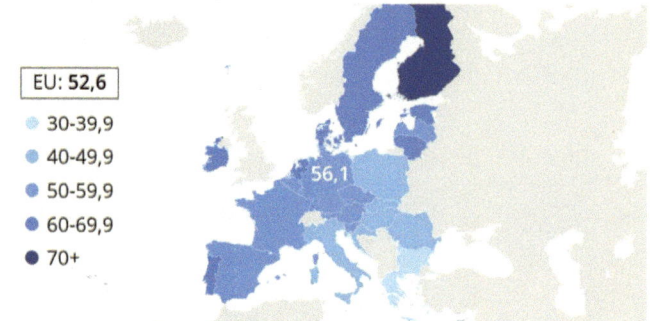

Digitalisierung:
So weit sind die EU-Länder

Digitalisierungsgrad der EU-Länder nach
dem DESI-Index im Jahr 2020*

EU: 52,6

- 30-39,9
- 40-49,9
- 50-59,9
- 60-69,9
- 70+

56,1

* Summe der Ergebnisse für die Dimensionen Konnektivität, Humankapital,
Internetznutzung, Integration der Digitaltechnik und digitale öffentliche Dienste;
Max. Punktzahl: 100
Quelle: EU Kommission

Abbildung 1. Digitalisierung der EU-Länder
Quelle: Statista

---

[1]Vgl. http//de.statista.com

Gerade im Zuge der Corona Krise ist der schlechte Zustand der Digitalisierung in Deutschland offensichtlich geworden. Im Bereich der Schulen zeigt sich, dass nur wenige Schulen in der Lage sind den Unterricht über das Internet zu gewährleisten. Dies zeigt, wie wichtig es ist im Vergleich der Digitalisierung nicht den Anschluss zu verlieren.

Als eine Disziplin, welche sich sowohl mit dem Thema der Informatik als dem Aspekt der Wirtschaft auseinander setzt, sei die Wirtschaftsinformatik genannt. Um den Anschluss in der Digitalisierung nicht zu verlieren und wettbewerbsfähig zu bleiben, kommt diesem Fach daher eine besondere Bedeutung zu.

Im Rahmen dieser Arbeit soll daher die folgende Fragestellung untersucht werden:

Wie verändert sich das Bild der Wissenschaftsinformatik?

Als Ausgangspunkt für dieses Untersuchung werden ausgewählte Informations- und Kommunikations-Systeme, welche in Unternehmen Anwendung finden, betrachtet und welche zukünftigen Anforderungen sich an diese Bereiche stellen.

Im zweiten Kapitel dieser Arbeit werden die benötigten grundlegenden Begriffe wie Wirtschaftsinformatik und Informations- und Kommunikationssysteme vorgestellt. Im dritten Kapitel werden dann die Bereiche Software Engineering, Rechnernetze und -Betriebliche Anwendungssysteme ausführlich vorgesellt, um den Wandel des Bildes der Wirtschaftsinformatik abzuleiten. Abschließend wird ein kurzes Fazit gezogen.

Grundlagen

Im folgenden Kapitel werden die grundlegenden Begriffe Wirtschaftsinformatik und Informations- und Kommunikationssystem kurz vorgestellt, da diese von zentraler Bedeutung bei der Untersuchung der Aufgabestellung sind.

1.1 Wirtschaftsinformatik

Nach Abty und Müller lässt sich der Bereich der Informatik in die folgenden drei Bereiche einteilen:

- Zur Informations- und Kommunikationstechnik gehören Computer Hardware, Softwareentwicklungsmethoden und Kommunikationstechnik.[2]

- Bestandteile der Informatikanwendungen sind: Ingenieurinformatik, Wirtschaftsinformatik, Rechtinformatik, Verwaltungsinformatik und medizinische Informatik.[3]

- Informatikauswirkungen auf den Menschen unterteilen sich auf Anwender und Entwickler. Weiterhin wirken sie auf Organisationen und die Gesellschaft.[4]

Die Wirtschaftswissenschaft gehört dabei zu dem Teil der Informatik, welche sich mit der praktischen Umsetzung von theoretischen Grundlagen befasst.[5]

Nach Abty und Müller lässt der Begriff Wirtschaftsinformatik folgendermaßen definieren:

„Unter Wirtschaftsinformatik wird die Wissenschaft von Entwurf,
Entwicklung und Nutzung rechnergestützter Informations- und
Kommunikationssysteme in Wirtschaft und Verwaltung verstan-
den"[6]

---

[2] Vgl. Abts & Mülder, (2009), S. 2
[3] Vgl. Abts & Mülder, (2009), S. 2
[4] Vgl. Abts & Mülder, (2009), S. 2
[5] Vgl. Abts & Mülder, (2009), S. 2
[6] Abts & Mülder, (2009), S. 3

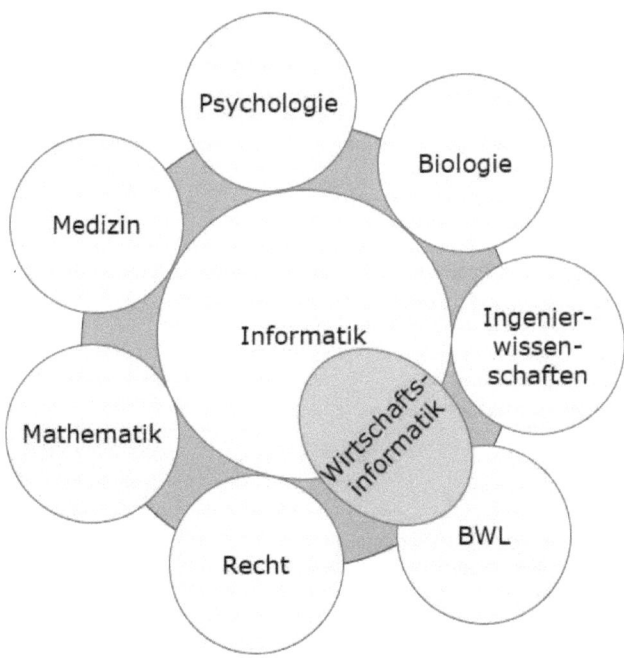

Abbildung 2: Wirtschaftsinformatik als interdisziplinäre Wissenschaft
Quelle: Eigene Darstellung

Wie in Abbildung 2 gezeigt ist, handelt es sich bei der Wirtschaftsinformatik um eine interdisziplinäre Wissenschaft, welche neben der Informatik und der Betriebswirtschaftslehre auch noch Überschneidungen mit weiteren Disziplinen hat.

Von zentraler Bedeutung im Bereich der Wirtschaftsinformatik sind **Informationen**. Auch wenn Informationen eng verbunden sind mit Daten und Wissen, so sind diese Begriffe jedoch nicht gleichsetzbar. Unter **Wissen** wird eine Sammlung von Kenntnissen, Erfahrungen und Methoden zum Lösen von Problemen verstanden. Bestandteile des Wissens sind Inhalte, welche Sachverhalte und Vorgänge beschreiben. Durch das Verknüpfen einzelner Informationen werden diese Inhalte gewonnen. Um Informationen darstellen zu können, werden **Daten** benötigt. Diese Daten sind dabei in einer solchen Form vorhanden, dass sie maschinell lesbar sind und daher sowohl von Menschen als auch von Computern interpretiert werden können. Für die Bedeutung des Begriffes Information stehen unterschiedliche Gesichtspunkte zu, unter welchen diese verstanden werden können. Dabei können folgende Aspekte des Informationsbegriffes betrachtet werden[7]:

Umgangssprachlich wirkt die Information auf einen Empfänger und kann dann eine Reaktion oder eine Handlung auslösen (siehe Abbildung 3). [8]

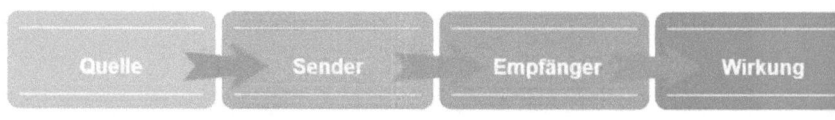

Abbildung 3: Informationsfluss
Quelle: Eigene Darstellung in Anlehnung an Lassmann,(2006), S. 4

In der **Nachrichtentechnik** spielen unterschiedliche kybernetische Kategorien eine Rolle:[9]

- Syntax bezeichnet Formalisierungsregeln[10]

- Stigmatik beschreibt die Beziehung zwischen Zeichen[11]

- Semantik repräsentiert den durch Zeichen repräsentierten Inhalt[12]

- Pragmatik beschreibt die Beziehung zwischen den Zeichen und den durch sie repräsentierten Subjekten[13]

---

[7] Vgl. Lassmann, (2006), S. 3-4
[8] Vgl. Lassmann, (2006), S. 3-4
[9] Vgl. Lassmann, (2006), S. 3-4
[10] Vgl. Lassmann,(2006), S. 4
[11] Vgl. Lassmann,(2006), S. 4
[12] Vgl. Lassmann,(2006), S. 4
[13] Vgl. Lassmann,(2006), S. 4

In der **Wissensvermittlung** stellen Informationen Bausteine für ein zweckbezogenes Wissen dar. Diese können Handlungen oder Entscheidungen beeinflussen oder auch auslösen.[14]

In Bereich der Erkenntnistheorie werden Informationen über einen Abstraktionsmechanismus formalisiert und operationalisiert.[15]

Aus den unterschiedlichen Bedeutungen des Begriffes Information wird deutlich, dass Informationen in fast allen Bereichen eine große Rolle spielen. Die Verarbeitung von Informationen gewinnt sowohl im Privatleben wie auch in der Wirtschaft immer mehr an Bedeutung. Unter diesem Gesichtspunkt ist es nach Lassmann notwendig, die klassischen Produktionsfaktoren, um den Faktor Information zu erweitern.[16]

volkswirtschaftliche Sicht	betriebswirtschaftliche Sicht
Kapital	Material
natürliche Ressourcen	Betriebsmittel
Arbeit	
Information	

Abbildung 4: Produktionsfaktoren in der Wirtschaft.
Quelle: Eigen Darstellung in Anlehnung an Lassmann, (2006), S. 5

Durch den Einsatz von Informations- und Kommunikationssystemen unterstützt die Wirtschaftsinformatik, unter optimaler Gestaltung von Informationsflüssen, das wirtschaftliche Handeln. Dabei verfolgt die Wirtschaftsinformatik hauptsächlich die folgenden Ziele:[17]

---

[14] Vgl. Lassmann, (2006), S. 3-4
[15] Vgl. Lassmann, (2006), S. 3-4
[16] Vgl. Lassmann, (2006,) S. 5
[17] Vgl. Lassmann, (2006), S. 7

- Gewinnsteigerung

- Qualitätsverbesserung

- Zeitersparnis

- Flexibilitätssteigerung

- Integritätserhöhung

- Stabilitätssicherung

Die unterschiedlichen Aufgaben der Wirtschaftsinformatik lassen sich in sechs Kategorien einteilen:

- Zur Kategorie *Organisation, Gestaltung und Modellierung von Daten, Informationen und Wissen* gehören die Aufgaben: Dateiorganisation, Datenbankorganisation, Wissensrepräsentation, Daten strukturieren und speichern, Informationen gestalten und Wissen Modellierung.[18]

- Die Kategorie *Auswahl und Entwicklung von Software* umfasst Systemsoftware und Anwendungssoftware.[19]

- Die Kategorie *Auswahl und Wartung von Hardware* beinhaltet Hardwarekomponenten, Hardwarewartung, Netzlösung und Netzwartung.[20]

- Die Kategorie *Entwicklung von Anwendungssystemen, Applikationen und Support* enthält Standardlösungen, Branchenlösungen, Individuallösungen, Customizing, IT-Sicherheit und Support.[21]

- Zu der Kategorie *Leitung und Mitarbeit bei Projekten* gehören Analyse, Entwurf, Entwicklung, Einführung, Wartung und Weiterentwicklung.[22]

---

[18] Vgl. Lassmann, (2006), S. 9
[19] Vgl. Lassmann, (2006), S. 9
[20] Vgl. Lassmann, (2006), S. 9
[21] Vgl. Lassmann, (2006), S. 9
[22] Vgl. Lassmann, (2006), S. 9

- Die Bestandteile der Kategorie **Aus- und Weiterbildung** sind Hochschu-
len, Fachhochschulen, Betriebsakademien, allgemeinbildende Schulen,
Nutzerschulung und Weiterbildung.[23]

1.2 Informations- und Kommunikationssysteme im Unternehmen

Unternehmen unterliegen aufgrund ihrer Interaktion mit der Umwelt einem dyna-
mischen und komplexen Umfeld. Auf sich ändernde Trends haben die Unternehmen selbst keine Kontrolle, wodurch eine Unsicherheit für das Unternehmen
resultiert. Ein solcher Trend ist zum Beispiel die Innovation und Verbesserung im
Bereich der IuK Technologie.[24]

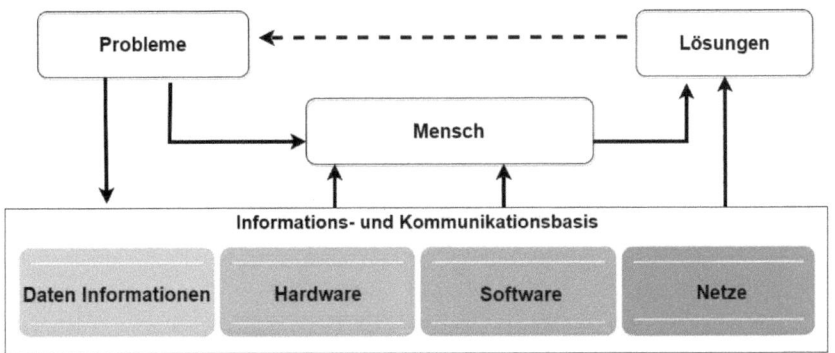

Abbildung 5: Bestandteile von Informations- und Kommunikationssystemen
Quelle: Eigene Darstellung in Anlehnung an Lassmann, (2006), S. 1

Im Mittelpunkt von Informations- und Kommunikationssystemen (IuK-S) steht der
Mensch. Der Mensch löst Probleme dadurch, dass Informationen verarbeitet und
ausgetauscht werden. Bei dieser Arbeit stehen dem Menschen die IuK Systeme
zur Seite. IuK Systeme setzten sich dabei aus Hardware, Software und Netzen
zusammen. Die Verarbeitung der Informationen erfolgt mit Hilfe der Hard- und

---

[23] Vgl. Lassmann, (2006), S. 9
[24] Vgl. Riewald, (2013), S. 14

Software. Für die Kommunikation zwischen örtlich getrennten Systemen sind die Netze verantwortlich. Ja nach Ausprägung der Aufgabestellung können die IuK Systeme sehr unterschiedlich aufgebaut sein.[25]

---

[25] Vgl. Lassmann, (2006), S. 3

Aktuelle Ansätze und Entwicklung

Im folgenden Kapitel werden die Grundlagen des Softwareengineerings, der Rechnernetze und der betrieblichen Anwendungssysteme vorgestellt. Anhand der Beschreibung des aktuellen Standes und zukünftiger Entwicklungen werden Aspekte herausgearbeitet werden, um den Wandel des Bildes der Wirtschaftsinformatik zu beschreiben.

1.3 Softwareengineering

In den 1950er Jahren wurde Rechentechnik kommerziell hauptsächlich für numerische Aufgaben in den klassischen Ingenieurswissenschaften und zum Durchsuchen großer Datenbestände verwendet. Mit aufkommender Rechenleistung in den 1960er Jahren konnten auch Aufgaben bearbeitet werden, welche komplexere Algorithmen und Programme benötigten. Mit der steigenden Komplexität der Programme stieg gleichzeitig die Fehleranfälligkeit, so dass im Jahre 1968 bei einer Konferenz die Software Krise festgestellt wurde.[26]

Der Begriff Software Engineering wurde erstmals auf dieser Nato-Konferenz vorgeschlagen. Dies erfolgte bei der Diskussion von Softwareproblemen: Große Softwaresysteme waren langsam, lieferten nicht die Funktionalität, welche vom Benutzer gefordert wurden, kosteten mehr als erwartet und waren dabei auch noch unzuverlässig.[27]

Nach Sommerville lässt sich der Begriff Software Engineering folgendermaßen definieren:

> *"Software engineering is an engineering discipline that is concerned with all aspects of software production from the early*

---

[26] Vgl. Reisig, (2020), S. 262
[27] Vgl. Sommerville, (2011), S. 3

stages of system specification through to maintaining the system after it has gone into use.[28]

Diese Definition enthält zwei Schlüsselbegriffe:

- **Engineering Discipline:** Ingenieure sorgen nach Sommerville dafür, dass Sachen funktionieren. Sie verwenden Theorien, Methoden und Werkzeuge dort wo es angebracht ist und sind dabei wählerisch. Sie suchen nach Lösungen, auch wenn es noch keine Theorien zu den Problemen gibt. Dabei sind sie sich bewusst, dass sie unter finanziellen und organisatorischen Rahmenbedingungen arbeiten, welche sie auch einhalten.[29]

- **All aspects of software production:** Software Engineering umfasst nicht nur den technischen Aspekt der Softwareentwicklung, sondern beinhaltet auch weiter Aspekte, wie Projektmanagement, Entwicklung von Werkzeugen, Methoden und Theorien.[30]

Seit Bestehen des Begriffes Software Engineering haben sich eine große Zahl an unterschiedlichen Methoden und Werkzeugen entwickelt. Diese lassen sich am besten nach der Art der Anwendung, in welcher sie eingesetzt werden, unterteilen. Zu den wichtigsten Anwendungen gehören:[31]

- **Stand-alone applications:** Das sind Anwendungen, welche auf einem lokalen PC laufen.[32]

- **Interactive transaction-based applications** Das sind Anwendungen, welche auf einem Remoterechner laufen und von einem Benutzer von ihrem eigenen Rechner gesteuert werden.[33]

---

[28] Sommerville, (2011), S. 7
[29] Vgl. Sommerville, (2011), S. 7-8
[30] Vgl. Sommerville, (2011), S. 8
[31] Vgl. Sommerville, (2011), S. 10
[32] Vgl. Sommerville, (2011), S. 10
[33] Vgl. Sommerville, (2011), S. 10

- *Embedded control systems* Das sind Kontrollsysteme, welche die Hardware kontrollieren und mangen.[34]

- **Batch processing systems** Das sind Geschäftssysteme, welche große Datenmengen in einer Batchanweisung bearbeiten.[35]

- *Entertainment systems* Das sind Systeme hauptsächlich für den priva-ten Gebrauch, welche hauptsächlich der Unterhaltung dienen.[36]

- *Systems for modeling and simulation* Das sind Systeme welchen In-genieuren und Wissenschaft-lern dienen, um physikalische Prozesse zu modellieren.[37]

- *Data collection systems* Dies sind Systeme, welche Daten von der Um-gebung sammeln.[38]

- *Systems of systems* Das sind Systeme, welche wiederum aus anderen Softwaresystemen zusammengesetzt sind.[39]

In der Praxis ist es häufig der Fall, dass Methoden nach der Art, das haben wir schon immer so gemacht, angewendet werden. Es ist offensichtlich, dass diese Art der Herangehensweise dazu führt, dass viele Projekte scheitern. Gute Inge-nieure sollten sich nach Münch und Schmid darauf konzentrieren, Projektergeb-nisse wiederholt unter verschieden Projektauslegungen zu wiederholen. Um fit für die zukünftige Entwicklung zu sein, sollte die Sicht auf Schulung, Wissen-schaft und Ingenieurswesen überdacht werden:[40]

Die Ausbildung sollte von einer Try and Error Programmierung zu einer gesetz-basierten Programmierung geändert werden. Dies erfordert, dass es Neulingen erlaubt wird, selbst mit unreglementierter und reglementierter Programmiertech-nik zu experimentieren, um selber den Unterschied zu verstehen. Im Bereich der

---

[34] Vgl. Sommerville, (2011), S. 10
[35] Vgl. Sommerville, (2011), S. 10
[36] Vgl. Sommerville, (2011), S. 10
[37] Vgl. Sommerville, (2011), S. 10
[38] Vgl. Sommerville, (2011), S. 10
[39] Vgl. Sommerville, (2011), S. 10
[40] Vgl. Münch & Schmid, (2013), S. 9-10

Wissenschaft werden mehr Experimente benötigt, auch Wiederholungen von Experimenten und die Anwendung von empirischen Untersuchungen an großskalige Entwicklungsprozesse, um individuelle Beobachtungen in Gesetzte und Theorien zu verwandeln. In Bezug auf das Ingenieurswesen wird gefordert, dass sich Praktiker dazu bekennen, dass es Best-Practice Gesetze gibt und das sie bereit sind auch nach diesen zu arbeiten.[41]

Für die zukünftige Entwicklung des Software Engineerings kristallisieren sich die folgenden Gebiete heraus:

- Die immer schneller werdenden benötigten Änderungen an Systemen erfordert eine schnelle und adaptive Entwicklungsweise, um mit den sich ändernden Bedingungen und Anforderungen Stand zu halten. Als ein Beispiel für eine solche Art der Entwicklung ist die agile Softwareentwicklung, wie an dem Beispiel eines agilen Prozesses in Abbildung 6 verdeutlicht ist.[42]

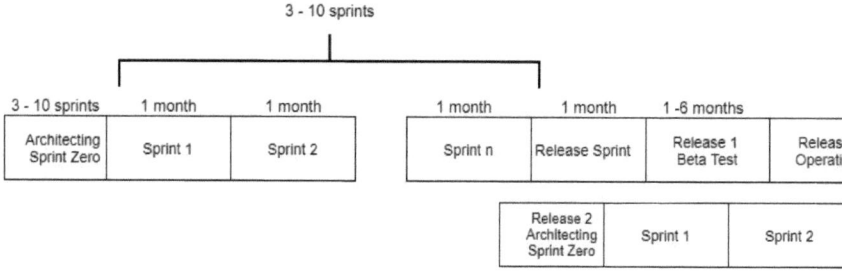

Abbildung 6: Agiler Prozess
Quelle: Eigene Darstellung in Anlehnung an Boehm, (2011), S. 3

- Als Grund warum Produkte immer Software-intensiver werden, ist das Software wesentlich einfacher angepasst werden kann als Hardware. So hat die Anzahl an Funktionen in modernen Flugzeugen, welche durch

---

[41] Vgl. Münch & Schmid, (2013), S. 11
[42] Vgl. Boehm, (2011), S. 3

Software kontrolliert wird von 2000 bis 2011 um 80% zugenommen hat. Diese hohe Fokussierung auf Software kann leicht eine Softwarekatastrophe zur Folge haben. Um dies zu verhindern steigt der Bedarf an Sicherungsmethoden.[43]

- Um gleichzeitig ein hohes Maß an Sicherheit und eine leichte Anpassungsfähigkeit zu erhalten werden neue Softwareengineering Prozesse benötigt. Dazu zählt eine inkrementelle Entwicklungsweise.[44]

Auch Broy et al. stellen die zunehmende Abhängigkeit der Gesellschaft und der Wirtschaft von softwaregesteuerten Systemen in dem Zentrum des Wandels der letzten Jahre. Dies hatte ein radikales Umdenken in der Entwicklung solcher Systeme zur Folge. Als Ansprüche an das Software Engineering stellen die Autoren die Forderung, dass bei der Entwicklung von spezifischen Techniken viel mehr auf eine Kooperation zwischen Forschung und Entwicklung hingearbeitet wird.[45] Besonderen Bedarf sehen die Autoren im Bereich eingebetteter Systeme und eingebetteter Software. Die Entwicklung solcher Systeme erfordert dabei ein noch stärkeres disziplinübergreifendes Zusammenarbeiten.[46]

Aktuelle Änderungen in der Wirtschaft und Gesellschaft bezogen auf die Informationstechnologie sorgen für einen Bedarf an Arbeitsplätzen, welche für die Angestellten gleichzeitig attraktive sind und dabei auch die wirtschaftlichen Ziele des Unternehmens fördern. Dies ist insbesondere im Bereich der Wissensarbeit von großer Bedeutung, da hochqualifizierte Arbeitnehmer immer mehr Ansprüche auch an das Arbeitsumfeld stellen. Daher müssen Unternehmen auf die Wünsche dieser Arbeitnehmer eingehen, um die Besten für ihr Unternehmen gewinnen zu können.[47] In der Zukunft werden Wissensarbeitsplätze immer mehr ortsungebunden sein. Gleichzeitig werden trotzdem Räume für ein Zusammentreffen der Menschen wichtig sein. Von großer Bedeutung sind dabei sogenannte

---

[43] Vgl. Boehm, (2011), S. 3
[44] Vgl. Boehm, (2011), S. 3
[45] Vgl. Broy, Jarke, Nagl, & Rombach, (2006), S. 3
[46] Vgl. Broy, Jarke, Nagl, & Rombach, (2006), S. 6
[47] Vgl. Urbach, Ahlemann, & Frederik, (2016), S. 16

moderne Innovationsräume, welche ein Umfeld schaffen, in welchem Innovationen umgesetzt werden können. Diese Räume müssen sowohl repräsentativ als auch kreativitätsfördernd ausgestaltet sein. Bei der Schaffung solcher Räume kann auch das Software Engineering helfen. Wichtig bei der Ausgestaltung solcher Räume ist die einfache Erreichbarkeit, ohne dass Räume aufwendig reserviert werden müssen. Als wichtiger Aspekt für die Ausgestaltung solcher Räume ist eine Bring-Your-Own-Device Fähigkeit des Raumes. Die Technik des Raumes muss so ausgestaltet sein, dass sich einfach eigene Geräte verbinden lassen.[48]

Für eine angenehme Arbeitsatmosphäre ist auch der Spaß an der Arbeit ausschlaggebend. Die Akzeptanz von Informationssystemen wächst mit dem Spaßfaktor, der mit der Bedienung einhergeht. Die Fähigkeit des Software Engineerings innovative und intuitive Benutzeroberflächen zu entwickeln, erfordert neu Fähigkeiten in dem IT-Bereich eines Unternehmens. Dies wird in Zukunft immer wichtiger werden, da die zukünftigen Arbeitnehmer der Generation der sogenannten digital Natives angehören. Diese Generation ist mit vielen Formen der Technik groß geworden und wird sich nicht mit alten Bedienoberflächen zufriedengeben.[49]

1.4 Rechnernetz

Wie in Kapitel 2.2 Informations- und Kommunikationssysteme im Unternehmen beschrieben, stellen Netzwerke die Verbindung zur Kommunikation zwischen örtlich getrennten Systemen dar.

In vielen Unternehmen bilden die Rechnernetze das Rückrad der Informationsstruktur. Im einfachsten Falle verbinden Netzwerke einige wenige Rechner. In komplexeren Fällen verbinden Rechnernetzte viele unterschiedliche Netzwerke, welche weltweit verteilt sein können, zu einer integrativen Einheit mit optimierter Produktivität. Die schnelle Entwicklung der Vernetzung wird insbesondere durch das Internet angetrieben. Das Internet biete eine sehr leistungsfähige

---

[48] Vgl. Urbach, Ahlemann, & Frederik, (2016), S. 17
[49] Vgl. Urbach, Ahlemann, & Frederik, (2016), S. 17

Werbeplattform und eine Vertriebskanal für immer neue Produkte und Dienstleis-
tungen. Diese neuen Produkte überwinden dabei traditionellen Markgrenzen
durch neue Geschäftsmodelle, wie E-Commerce. Aufgrund der hohen Populari-
tät führt der Boom zu einer immer weiter steigenden Zahl von Nutzern und gleichzeitig auch einer steigenden Menge an übermittelten Daten. Um einen Zugriff für
alle Nutzer in einer akzeptablen Antwortzeit zu gewährleisten, wird offensichtlich,
dass leistungsfähige Netzwerke ein absolutes Muss sind.[50]

An den Betrieb und den Ausbau von Netzwerken stehen nach Riggert und Lübben folgende drei Anforderungen im Vordergrund:

- Es muss eine für alle Benutzer zufriedenstellende Geschwindigkeit für den
  Datenaustausch zur Verfügung stehen. Gleichzeitig dürfen keine großen
  Schwankungen auch unter Spitzenlast auftreten.[51]

- Sowohl die Netzkomponenten als auch die Endstationen müssen einfach
  zu managen sein.[52]

- Der Kostenrahmen muss in einem vertretbaren Bereich liegen.[53]

Wie fast alles unterliegt auch die Netzwerktechnik einem Ständigen, nicht immer
vorhersehbaren, Wandel. Auch wenn dieser Wandel nicht im Detail vorhergesagt
werden kann, so zeichnen sich nach Riggert und Lübben einige Trends ab:

- In der Zukunft werden die Anwendungen immer größere Datenmengen
  übertragen müssen. Zu diesen Anwendungen zählen Augmente- und Vir-
  tual-Reality-Anwendungen, Streaming-Dienste mit hohen Datenraten für
  Full-HD-Videos. Aber auch der Fortschritt der Digitalisierung im medizinischen Bereich wird immer höhere Datenraten erfordern, wie zum Beispiel
  für das Übertragen von Operationsgeschehen zwischen Krankenhäu-
  sern.[54]

---

[50] Vgl. Riggert & Lübben, (2020), S. 1
[51] Vgl. Riggert & Lübben, (2020), S. 1
[52] Vgl. Riggert & Lübben, (2020), S. 1
[53] Vgl. Riggert & Lübben, (2020), S. 1
[54] Vgl. Riggert & Lübben, (2020), S. 1-2

- In der zukünftigen Applikationslandschaft werden immer höhere Ansprüche an die Antwortzeit und die Güte der Übertragung gestellt. Nach der alten 80/20 Regel, verbleiben 80% der Datenlast in einem Segment oder einem Unternehmen und nur 20% überschreiten die Segmentgrenze. Durch Client/Server-Architekturen, das Internet und die VLAN Bildung wird diese Regel auf den Kopf gestellt werden. Der Wandel wird die Datenflüsse in einem Netz unvorhersehbar und extrem dynamisch machen. Die Veränderung der 80/20 Regel ist in Abbildung 7 verdeutlicht.[55]

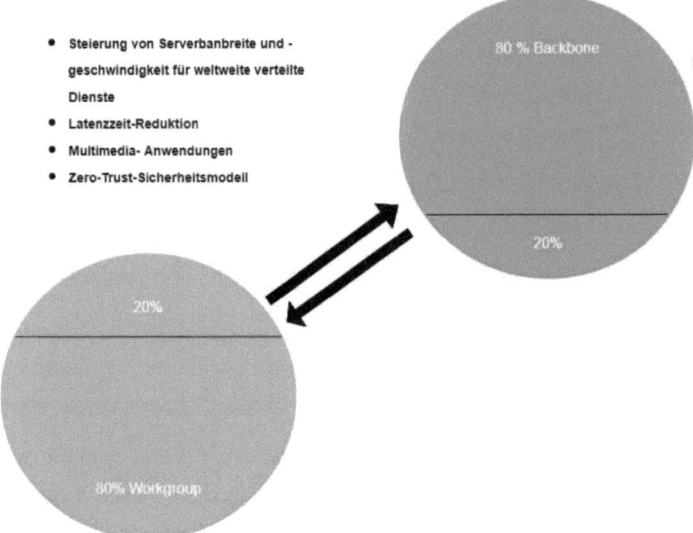

Abbildung 7: Veränderung der 80/20 Regel
Quelle: Eigene Darstellung in Anlehnung an Riggert & Lübben, (2020), S. 2

Allen Veränderungen zum Trotz gibt es in der Netzwerktechnik einige Fixpunkte, welche als unveränderbare Säulen angesehen werden können:[56]

---

[55] Vgl. Riggert & Lübben, (2020),S. 1-2
[56] Vgl. Riggert & Lübben, (2020),S. 2

- Kommunikationsrichtung und Anzahl der Kommunikationspartner

- Topologie/Architektur und Ausdehnung

- Protokoll und Dienste

- Singalcodierung und Übertragungsmedium

- Fehlerbehandlung und Datenflusskontrolle

- Wegwahl/Routing

Durch die Einführung des Internet der Dinge IoT (Internet of things) werden die über Netzwerke übertragenen Datenmengen immer größer. Unter dem „Internet der Dinge" verseht man intelligente Gegenstände, welche mit einem eingebetteten Kontroller ausgestattet sind. Solche vernetzten Geräte sind häufig kontinuierlich mit der Cloud verbunden und stehen daher in Konkurrenz zu anderen Anwendungen um genügend große Bandbreiten. Um dem Problem der nur begrenzt zur Verfügung stehenden Bandbreite Herr zu werden, kann das sogenannte Fog Computing helfen. Dadurch, dass eine große Anzahl an kleinen eigenständigen Geräten dauernd mit der Cloud verbunden sind, entstehen Myriaden kleiner energieunabhängiger Knoten, welche eine neblige Infrastruktur bilden. Um die Datenmengen zu reduzieren, werden intelligente Kontroller und Gateways benötigt. Das Fog Computing kann als eine Erweiterung des Cloud-Computings angesehen werden, wobei als Erweiterung zusätzlich dezentrale, intelligente Netzwerkknoten dazukommen. Für den Anwender bietet das Fog Computing unter anderem die folgenden Funktionen: Datenerfassung vor Ort, Zwischenspeicherung, Ausführung kleiner Apps und Verrichtung kleiner Vorberechnungen vor Ort. Das Fog Computing sorgt dafür, dass Dienste und Berechnungen zum Rand des Netzwerkes verschoben werden. Das Fog Computing ist als eine Erweiterung des Cloud-Computings gedacht und nicht als eine Ersetzung.[57]

---

[57] Vgl. Luntovskyy & Gütter, (2018), S. 7-9

Eine weitere sehr innovative Technologie im Netzwerkbereich stellt die soge-nannte Blockchain Technologie dar. Die Blockchain bezeichnet ein elektroni-sches Register für digitale Datensätze, Ereignisse oder Transaktionen. Verwalten wird dieses Register durch die Teilnehmer eines verteilten Netzwerkes. Gespei-chert werden die Informationen aufgeteilt in kleinen Blöcken, welche jeweils eine Referenz zum vorherigen Block enthalten. Mit Hilfe einer solchen Blockchain ist es 2008 schon gelungen Bitcoins zwischen zwei Teilnehmern sicher auszutau-schen. Die Blockchain Technologie hat das Potential für vielfältige unterschiedli-che Anwendungen, insbesondere sichere Transaktionsabwicklungen.[58]

---

[58] Vgl. Buhl, Schweizer, & Urbach, (2017), S. 579-598

1.5 Betriebliche Anwendungssysteme

Nach Abts und Mülder lassen sich die Begriffe Anwendungssoftware und Anwendungssoftwaresystem folgendermaßen definieren:

„Anwendungssoftware unterstützt den Benutzer bei der Lösung
seiner betrieblichen Aufgabenstellungen. Hierbei kann es sich
z.B. um das Schreiben eines Briefes., die Buchung einer Kun-
denrechnung oder der Konstruktion einer neuen Maschine han-
deln. Ein Anwendungssoftwaresystem enthält neben dem
Programmcode bestimmte Zusatzleistungen, wie z.b. Doku-
mentation. Installationshilfe." [59]

Die betriebliche Anwendungssoftware kann nach Aufgabenbereichen oder Einsatzbereichen unterteilt werden (siehe Abbildung 8). So kann zwischen operativen und analytischen Aufgaben unterscheiden werden. Andererseits kann auch unterschieden werden in welchem Unternehmensbereich die Software eingesetzt wird, ob z.B. in dem Finanz- und Rechnungswesen, der Materialwirtschaft, der Personalwirtschaft oder weiteren Bereichen.[60]

---

[59] Abts & Mülder, (2009), S. 6
[60] Vgl. Abts & Mülder, (2009), S. 66-67

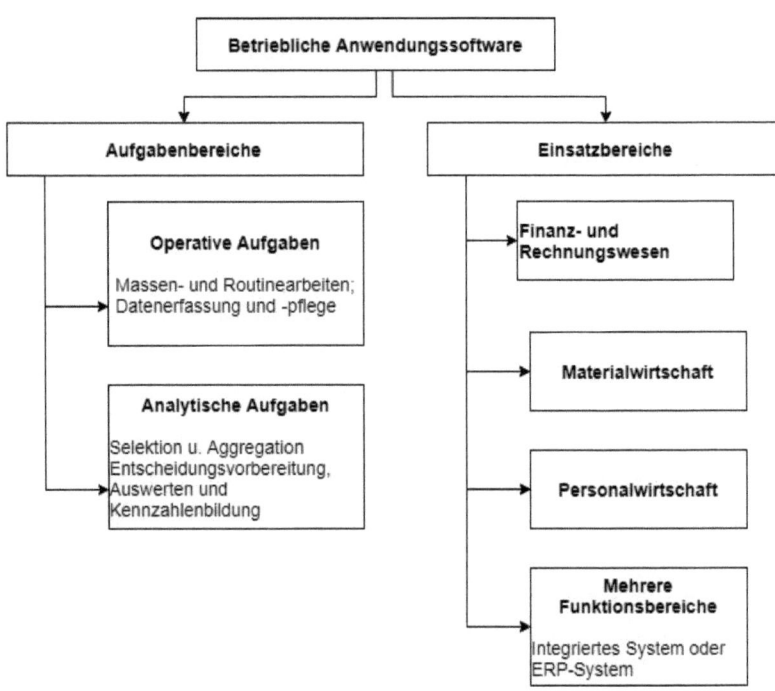

Abbildung 8: Unterteilung der betrieblichen Anwendungssoftware
Quelle: Eigene Darstellung in Anlehnung an Abts & Mülder, (2009), S. 67

Betriebliche Anwendungssystemen setzen sich häufig aus einer Standardsoftware und unternehmensspezifischen Erweiterungen zusammen. In der Zukunft wird erwartet, dass sich dieser Trend zu modularen Systemen immer weiter fortsetzten wird. Im Idealfall lassen sich die Module herstellerübergreifend miteinander kombinieren. Um eine solche Kombination zu erreichen, muss die Ablaufsteuerung an eine übergeordnete Steuereinheit übergeben werden.[61]

---

[61] Vgl. Scheruhn, (1997), S. 3

Anwendungssysteme beruhend auf künstlicher Intelligenz wurde schon vor über 50 Jahren entwickelt. Für die Definition des Begriffes künstliche Intelligenz hat insbesondere Alan Turing einen großen Beitrag, mit dem sogenannten Turing Test, geleistet. Eine Maschine gilt dem Test nach als künstliche Intelligenz, wenn ein Mensch nicht erkennen kann, ob es sich um eine Maschine oder einen Mensch handelt.[62] Die zeitliche Entwicklung der künstlichen Intelligenz ist in Abbildung 9 skizziert.

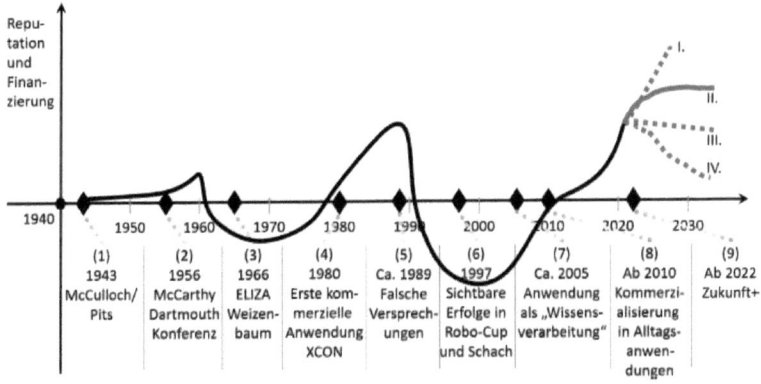

Abbildung 9: Entwicklung der künstlichen Intelligenz
Quelle: Teich, (2020), S. 227

Seit 2010 war die Entwicklung der künstlichen Intelligenz so weit fortgeschritten, dass genügend Bausteine vorhanden waren, um überzeugende Anwendungen zu entwickeln.[63]

Schon heutzutage nimmt der Einsatz von künstlicher Intelligenz und natürlichsprachlichen Benutzeroberflächen in Form von Chatbots in Unternehmen zu. Im Zuge der Digitalisierung wird dazu übergegangen papierbasierte Arbeitsweisen durch neue digitale Techniken zu ersetzen. Es zeigt sich dabei, dass die

---

[62] Vgl. Teich, (2020), S. 227
[63] Vgl. Teich, (2020), S. 278

Technik, welche dazu gedacht war, den Anwender von Arbeit zu befreien, häufig zu dem Gegenteil geführt hat und diesem noch mehr Arbeit beschafft hat. Dies liegt an der großen Zahl neuer Werkzeuge und Anwendungssysteme. Diese erzeugen ein Überangebot an abrufbaren Informationen und der Anwender benötigt mehr Zeit, um die richtigen Informationen zu finden, als er durch die Systeme an Arbeit einspart. Als Lösung für dieses Problem können Anwendungssysteme, wie Chatbots dienen, welche tägliche Arbeiten zielgerichtet unterstützen und Aufgaben automatisieren.[64]

Der Zeitpunkt ab welche künstliche Intelligenz zu einem Massenphänomen werden soll, ist für das Jahr 2029 vorhergesagt. Ab dann sollen Anwendungen auf KI-Basis weit verbreitet und vielerorts im Einsatz sein.[65]

---

[64] Vgl. von Wolff, Hobert, & Schumann, (2020), S. 414-415
[65] Vgl. Teich, (2020), S. 278

Diskussion

Traditionelle sind die Kernberufe von Wirtschaftsinformatikern:[66]

- Systemadministrator

- Programmierer

- Operator

Als Mischberufe kamen insbesondere der Vertrieb, Ausbildung, Hardwarewartung und Datenschutz in Betracht. Aus der Zuordnung der Kernberufe eignen sich Wirtschaftsinformatiker insbesondere als DV-Organisatoren und -Koordinatoren, oder auch Anwendungs- und Organisationsprogrammierer. Als Schwerpunkt des Berufsbildes des Wirtschaftsinformatiker galt die informatorisch orientierte Informationsversorgung.[67]

Nach Urbach und Ahlemann ist zu beobachten, dass sich die Geschäftswelt, unter dem Begriff Digitalisierung, in einem deutlichen Wandel befindet. Dies wird einen starken Einfluss auf die Geschäftsmodelle von vielen Unternehmen haben.[68] Der Wandel zur Digitalisierung wird große Anforderungen an die Netzwerktechnik haben und die Bereitstellung von stabilen Datenverbindungen, welche große Datenmengen immer und überall zur Verfügung stellen können, wird immer wichtiger.

Waren die kommerziellen Aufgaben der Informatik zu den Anfangszeiten in den 1960er Jahren grundsätzlich noch auf zwei Bereiche beschränkt und konnten nur sehr einfache Aufgaben lösen, führten die ersten Erweiterungen gleich zu einer hohen Fehleranfälligkeit der Programme. Diese Probleme auch Software Krisis genannt, waren der Ausgangspunkt zur Gründung der Disziplin Software Engineering.[69]

---

[66] Vgl. Grob & Lange, (1995), S. 4
[67] Vgl. Grob & Lange, (1995), S. 13
[68] Vgl. Urbach, Nils, & Ahlemann, (2017), S. 1
[69] Vgl. Reisig, (2020), S. 262

Im Rahmen des Kapitels zum Softwareengineerings war herausgearbeitet worden, dass der Trend immer stärker dazu geht, so viel Hardwarekomponenten, wie möglich durch Software zu ersetzten. Der Grund dafür ist, wie beschreiben, dass Software wesentlich einfacher angepasst werden kann als Hardware. Dieser Trend verdeutlicht den hohen Anspruch an schnell anpassbare Systeme. Auch der Wechsel zur agilen Programmierung deutet auf eine Ausrichtung nach noch mehr Flexibilität hin. Schon beim Jahrhundertwechsel kam die Angst auf, was mit der Software passiert, wenn das Datum auf 2000 wechselt. Hier waren massive Probleme mit der Software erwartet. Die immer weiter fortschreitende Fokussierung auf Software, um eine leichte Anpassung zu erlauben, verdeutlicht, dass es wichtig ist, bei der Entwicklung mögliche Gefahren, welche zukünftig von der Software ausgehen können, im Blick zu behalten.[70]

Auch im Bereich der betrieblichen Anwendungssysteme zeigt sich der Trend zu immer mehr Flexibilität hin. So geht der Trend immer weiter zu modular aufgebauten Systemen, wobei ein Teil des Systems eine Standardlösung darstellt. Aufgrund der spezifischen Anforderungen eines jeden Unternehmens kann eine einzige Standardlösung nicht die Bedürfnisse aller Unternehmen befriedigen. Daher wird die Standardanwendung durch unternehmensspezifische Module ergänzt. Im Idealfall sollen diese Module herstellerübergreifend kombiniert werden.[71] Diese Entwicklung verdeutlicht den Wandel zu mehr Flexibilität aber auch gleichzeitig größerer Vernetzung.

Der Ursprung des Gebiets der künstlichen Intelligenz, welches heutzutage so weit ausgereift ist, dass es überzeugenden Anwendungssysteme liefert, welche standardmäßig eingesetzt werden können, wie z.B. als Chatbot, geht auf den gleichen Zeitpunkt zurück, an welchem sich die ersten primitiven Anwendungsprogramme weiterentwickelten und damit zu der schon erwähnten Software Krise führten. Auf diesem relativ großen Maßstab ist an diesem Beispiel der Wandel

---

[70] Vgl. Boehm, (2011), S. 3
[71] Vgl. Scheruhn, (1997), S. 3

der Informatik von der Erledigung einfacher Aufgaben hin zur funktionierenden künstlichen Intelligenz sehr gut nachvollziehbar.

Die Entwicklung in der Netzwerktechnik verdeutlicht deren große Bedeutung für fast alle Bereiche der zukünftigen Entwicklungen. Auch bei den Rechnernetzten steht neben Stabilität und Schnelligkeit eine einfache Möglichkeit zur Anpassung im Zentrum der aktuellen Entwicklung. Neben der Flexibilität wird der Bereich Rechnernetze, auch mit Blick auf die Digitalisierung, an sich immer mehr in den Fokus der Wirtschaftsinformatik rücken. In Zukunft werden vernetzte Anwendungen immer mehr an Bedeutung gewinnen. Mit Blick auf die Möglichkeiten, welche sich im medizinischen Bereich bieten, wird offensichtlich, dass dies ohne stabile und leistungsfähige Netzwerke nicht zu verwirklichen ist.

Die Diskussion zeigt, dass zum einen der Bereich der Rechnernetzte immer mehr in den Vordergrund rücken wird. Für alle betrachteten Bereiche zeigt sich, dass der Schwerpunkt immer weiter zu einfacher Adaptionsfähigkeit und mehr Flexibilität hin verschoben wird. Immer mehr an Bedeutung gewinnen intelligente Systeme, welche eigenständig Standardaufgaben vom Anwender fernhalten. Mit der Einführung des Internets der Dinge aber auch dem Fog Computing erfährt der Bereich der Netzwerke einen Wandel von einem stationären, unflexibleren Netzwerk, hin zu einem fließenden, intelligenten Netzwerk.

Fazit

Im Zuge der Digitalisierung wandelt sich auch das Bild der Wirtschaftsinformatik. Von immer größere Bedeutung wird der Aspekt der schnellen Anpassbarkeit und Flexibilität um auf unerwartete Trend zu reagieren. Dieser Schwerpunkt auf der Flexibilität spiegelt sich auch beim Softwareengineering zu agilen Prozessen hin. Gleichzeitig gewinnt die Vernetzung immer mehr an Bedeutung. Die Möglichkeit große Datenmengen über das Internet immer und mit großer Zuverlässigkeit zu liefern wird auch in Zukunft eines der wichtigsten Themen bleiben.

Literaturverzeichnis

Abts, D., & Mülder, W. (2009). *Grundkurs der Wirtschaftsinformatik Eine kompakte und praxisortientierte Einführung.* Wiebaden: Viewg+Teubner.

Boehm, B. (2011). Some Future Software Engineering Opportunities and Challenges. In S. Nanz, *The future of software engineering.* Heidelberg: Springer.

Broy, M., Jarke, M., Nagl, M., & Rombach, D. (2006). Manifest∗: Strategische Bedeutung des Software Engineering in Deutschland. *Informatik-Spektrum.*

Buhl, H. U., Schweizer, A., & Urbach, N. (2017). Blockchain-Technologie als Schlüssel für die Zukunft? *Zeitschrift für das gesamte Kreditwesen,*, S. 596-599.

Fink, A., Schneidereit, G., & Voß, S. (2005). Betriebliche Anwendungssysteme. In A. Fink, G. Schneidereit, & S. Voß, *Grundlagen der Wirtschaftsinformatik* (S. 207-245). Physica-Verlag HD.

Grob, H. L., & Lange, W. (1995). *Zum Wandel des Berufsbildes bei Wirtschaftsinformatikern: Eine empirische Analyse auf der Basis von Stellenanzeigen.* Münster: Instituts für Wirtschaftsinformatik,.

Lassmann, W. (2006). *Wirtschaftsinformatik Nachschlagewerk für Studium und Praxis.* Wiesbaden: Gabler.

Luntovskyy, A., & Gütter, D. (2018). Allgegenwärtige Vernetzung: Industrie 4.0, Internet der Dinge,Fog Computing u.v.m ! *Wissen im Markt 2018, 2.*

Münch, J., & Schmid, K. (2013). *Perspectives on the future of software engineering.* Heidelberg, New york, London: Springer.

Reisig, W. (2020). Informatik – eine eigenständige Wissenschaft? *Informatik Spektrum, 43*, S. 262-271.

Riewald, A. (2013). *Wie Informations und Kommunikaitonstechnologien die Arbeitsweld verändern.* Hamburg: Diplomica Verlag.

Riggert, W., & Lübben, R. (2020). *Rechenrnetze Ein einführendes Lehrbuch.* Hanser.

Scheruhn, H.-J. (1997). Einführung betrieblicher Anwendungssysteme. In E. Klockhaus, & H.-J. Scheruhn, Modellbasierte Einführung betrieblicher Anwendungssysteme. Wiesbaden: Gabler Verlag Springer Fachmedien.

Sommerville, I. (2011). Software Engineering. Addison-Wesley.

Statista, (21.08.2020). Digitalisierung in Deutschland: Was ist der aktuelle Stand? https://de.statista.com/infografik/18365/digitalisierungsgrad-der-eu-laender-nach-desi-index/, abgerufen am 18.03.2021.

Teich, I. (2020). Meilensteine der Entwicklung Künstlicher Intelligenz. *Informatik Spektrum, 43*, S. 276-284.

Urbach, N., Ahlemann, & Frederik. (2016). Der Wissensarbeitsplatz der Zukunft: Trends,Herausforderungen und Implikationen für das strategische IT-Management. *HMD - Praxis der Wirtschaftsinformatik, 53*, S. 16-18.

Urbach, Nils, & Ahlemann, F. (2017). Die IT-Organisation im Wandel: Implikationen der Digitalisierung für das IT-Management. *Praxis der Wirtschaftsinformatik.*

von Wolff, R. M., Hobert, S., & Schumann, M. (2020). Einsatz von Chatbots am digitalen Büroarbeitsplatz – Eine praxisorientierte Betrachtung von Einsatzbereichen, Wirkungen und Handlungsempfehlungen. *HMD, 57*, S. 413-431.